阅读中国·外教社中文分级系列

Reading China SFLEP Chinese Graded Re

总主编 程爱民

Where Have the Elephants Gone?

三级主编 胡晓慧

编者 刘颖

三级
4

上海外语教育出版社
SHANGHAI FOREIGN LANGUAGE EDUCATION PRESS

主编的话

　　每个学习外语的人在学习初期都会觉得外语很难，除了教材，其他书基本上看不懂。很多年前，我有个学生，他大学一年级时在外语学院图书室帮忙整理图书，偶然看到一本《莎士比亚故事集》，翻了几页，发现自己看得懂，一下子就看入了迷。后来，他一有空就去图书室看那本书，很快看完了，发现自己的英语进步不少。其实，那本《莎士比亚故事集》就是一本牛津英语分级读物。这个故事告诉我们，适合外语学习者水平的书籍对外语学习有多么重要。

　　英语分级阅读进入中国已有几十年了，但国际中文分级教学以及分级读物编写实践才刚刚起步，中文分级读物不仅在数量上严重不足，编写质量上也存在许多问题。因此，在《国际中文教育中文水平等级标准》出台之后，我们就想着要编写一套适合全球中文学习者的国际中文分级读物，于是便有了这套《阅读中国·外教社中文分级系列读物》。

　　本套读物遵循母语为非中文者的中文习得基本规律，参考英语作为外语教学分级读物的编写理念和方法，设置鲜明的中国主题，采用适合外国读者阅读心理和阅读习惯的叙事话语方式，对标《国际中文教育中文水平等级标准》，是国内外第一套开放型、内容与语言兼顾、纸质和数字资源深度融合的国际中文教育分级系列读物。本套读物第一辑共 36 册，其中，一——六级每级各 5 册，七——九级共 6 册。

　　读万卷书，行万里路，这是两种认识世界的方法。现在，中国人去看世界，外国人来看中国，已成为一种全球景观。中国历史源远流长，中国文化丰富多彩，中国式现代化不断推进和拓展，确实值得来看看。如果你在学中文，对中国文化感兴趣，推荐你看看这套《阅读中国·外教社中文分级系列读物》。它不仅能帮助你更好地学习中文，也有助于你了解一个立体、真实、鲜活的中国。

程爱民

2023 年 5 月

目录

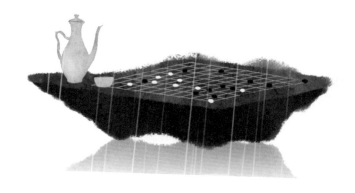

1 高铁还是
　　　　绿皮车？

　　以前，人们出远门，常常要坐绿皮车，绿皮车是指绿色的普通火车。在中国
坐绿皮车，从北往南，可以从黑龙江 黑河一直到海南 三亚；从东往西，可以从
上海一直到新疆 乌鲁木齐。有时间的话，人们还可以坐着绿皮车到国外一些城
市旅游，真是又便宜又方便。可是，坐绿皮车比较浪费时间，常有超过两三天的
路线，比如从南京到哈尔滨要30多个小时，一天两夜呢。

高铁就是"高速铁路"。随着高铁的发展，中国开始进入"高铁时代"。今天，人们出行基本上都会坐高铁，坐绿皮车的人越来越少。《人民日报》报道，到2020年底，中国高铁已经达到了3.79万公里，是世界上最大的高铁网。高铁拉近了城市间的距离，人们旅游、出差更加方便了，比如深圳 Shēnzhèn、广州 Guǎngzhōu、香港 Xiānggǎng 三个城市间有了"半小时生活圈"，住在深圳的人，只要半个小时，就可以到香港、广州吃饭、看电影、见朋友。这是以前没有办法想象的事情。

那么，在"高铁时代"的今天，中国还有必要保留绿皮车吗？绿皮车会不会慢慢消失呢？虽然看起来高铁在慢慢代替绿皮车，但是绿皮车还是很重要的交通方式。绿皮车的价钱比较便宜，打工者、背包旅行者和学生都很欢迎绿皮车。有的地区开发了绿皮车旅游，绿皮车带着人们来到城市、乡村，欣赏美丽的自然景色，体验不同的文化。

很多城市虽然通了高铁，但是仍然保留了绿皮车站。比如，浙江 Zhèjiāng 嘉兴 Jiāxīng 站就是一座绿皮车比高铁车多的车站。虽然嘉兴通高铁已经好几年了，但是高铁站离市区比较远。所以对嘉兴人来说，高铁和绿皮车各有各的好处：如果要去的地方比较远，可能会选择高铁；如果不急着出行，不赶时间，那就选择绿皮车吧。

从南京到哈尔滨，坐绿皮车，31个小时，票价420元；坐高铁，10个半小时，票价890元。那么你会选择高铁还是绿皮车呢？

本级词

指 zhǐ | to refer to	基本上 jīběnshàng | basically
城市 chéngshì | city	人民 rénmín | people
浪费 làngfèi | to waste	报道 bàodào | (to) report
路线 lùxiàn | route	年底 niándǐ | year-end
高速 gāosù | high speed	达到 dádào | to reach
铁路 tiělù | railway	世界 shìjiè | world
发展 fāzhǎn | development	更加 gèngjiā | more
时代 shídài | era	必要 bìyào | necessary

保留 bǎoliú | to retain

慢慢 mànmàn | slowly

消失 xiāoshī | to disappear

看起来 kànqǐlái | it seems

方式 fāngshì | form, means

价钱 jiàqián | price

比较 bǐjiào | relatively

地区 dìqū | area

开发 kāifā | to develop

美丽 měilì | beautiful

自然 zìrán | natural

景色 jǐngsè | scenery

体验 tǐyàn | experience

文化 wénhuà | culture

仍然 réngrán | still

各 gè | each

票价 piàojià | ticket price

超纲词

高铁 gāotiě | high-speed railway

随着 suízhe | along with

出行 chūxíng | to travel

距离 jùlí | distance

出差 chūchāi | to go on a business trip

圈 quān | circle

想象 xiǎngxiàng | to imagine

代替 dàitì | to replace

背包 bēibāo | backpack

乡村 xiāngcūn | countryside

欣赏 xīnshǎng | to appreciate

市区 shìqū | downtown

练　习

一、根据文章判断正误。

Tell right or wrong according to the article.

（　　）1. 今天的<u>中国</u>没有必要保留绿皮车。

（　　）2. 绿皮车的票价比高铁贵。

（　　）3. 坐绿皮车比较浪费时间。

（　　）4. 背包旅行者很欢迎绿皮车。

（　　）5. 有的城市同时有高铁站和绿皮车站。

二、选词填空。

Fill in the blanks with the words given below.

A. 基本上　　　B. 时代　　　C. 达到　　　D. 体验　　　E. 看起来　　　F. 消失

1. 随着高铁的发展，<u>中国</u>开始进入"高铁_____"。

2. 虽然_____高铁在慢慢代替绿皮车，但是绿皮车还是非常重要。

3. 绿皮车会不会慢慢_____呢？

4. <u>中国</u>高铁已经_____了3.79万公里，是世界上最大的高铁网。

5. 绿皮车带着人们_____不同的文化。

6. 今天，人们出行_____都会坐高铁，坐绿皮车的人越来越少。

三、根据文章回答问题。

Answer the questions below according to the article.

1. 什么是绿皮车？什么是高铁？

_____

2. 高铁和绿皮车各有哪些好处？

_____

3. 为什么说<u>深圳</u>、<u>广州</u>、<u>香港</u>三个城市间有"半小时生活圈"？

_____

4. <u>浙江</u><u>嘉兴</u>已经通高铁了，为什么<u>嘉兴</u>站的绿皮车比高铁车多？

_____

5. 在你的国家，人们常常用怎样的方式旅行？

_____

2 冰雪哈尔滨
越冷越开心

北方的冬天总是很冷的，冷到大家不敢出门，只好在家里过完整个冬天。用一个词来说，就叫做"猫冬"。但是，冬天的哈尔滨成了所有人的冰雪乐园，大家在这里都是越冷越开心。哈尔滨是中国的"冰城"，这座城市和冰雪深深地联系在了一起。

哈尔滨冬天的活动，自然少不了滑雪。哈尔滨滑雪场所很多，有几十家，其中就有中国最大的滑雪场——亚布力滑雪场。亚布力滑雪场有17条初级、中级、高级滑雪道，其中有亚洲最长的高山滑雪道，还有滑雪教学服务，可以满足不同人的需要。初学滑雪的人通常会请一位经验丰富的教练指导自己，避免在学习的过程中受伤。有滑雪基础的人可以参加分组比赛，一场比赛结束以后，对手往往会变为新的朋友。

亚布力滑雪场最特别的地方是，滑雪道建在美丽的 长白 山中，到处都是迷人的景色，人们能在滑雪的同时感受自然的美。上午体验了滑雪的快乐，下午还可以坐坐小火车。坐上大概1个小时的小火车，就可以到达动物园、温泉，还能吃到很多好吃的东北菜。

在哈尔滨，当冬天来的时候，"冰雪节"也就来了。每年12月，人们都会在松花 江的冰面上建起一座乐园。那是一个完全用冰雪建成的世界，有美丽的冰雕和灯光，再加上动人的音乐，谁会不喜欢呢！"冰雪节"有几十个活动，其中很多都不需要门票。在那里，每个人都能找到自己喜欢的冰雪游戏。喜欢安静的人也可以一边观看，一边在江边喝杯啤酒。不管大人还是小孩，都能体会到和冰雪一起玩的快乐。

本级词

总是 zǒngshì | always	满足 mǎnzú | to satisfy
只好 zhǐhǎo | to have to	需要 xūyào | to need
整个 zhěnggè | whole	初 chū | initially
联系 liánxì | to connect	通常 tōngcháng | usually
场所 chǎngsuǒ | place, site	经验 jīngyàn | experience
初级 chūjí | elementary	丰富 fēngfù | rich

教练 jiàoliàn | coach

指导 zhǐdǎo | to guide

过程 guòchéng | process

受伤 shòushāng | to get injured

基础 jīchǔ | foundation, basis

分组 fēnzǔ | to be divided into groups

比赛 bǐsài | competition

结束 jiéshù | to end

对手 duìshǒu | opponent

往往 wǎngwǎng | often

变为 biànwéi | to become

建 jiàn | to build

感受 gǎnshòu | to experience

大概 dàgài | approximately

到达 dàodá | to arrive at

建成 jiànchéng | to build

动人 dòngrén | attractive, appealing

游戏 yóuxì | game

观看 guānkàn | to watch

啤酒 píjiǔ | beer

超纲词

冰雪 bīngxuě | ice and snow

乐园 lèyuán | paradise

滑雪 huáxuě | to go skiing

滑雪道 huáxuě dào | ski run

避免 bìmiǎn | to avoid

迷人 mírén | charming, fascinating

冰雕 bīngdiāo | ice carving

灯光 dēngguāng | lighting, illumination

不管 bùguǎn | no matter, whether

练 习

一、根据文章判断正误。

Tell right or wrong according to the article.

（　　　）1. 哈尔滨的冬天少不了滑雪。

（　　　）2. 哈尔滨冰雪节在每年的1月。

（　　　）3. 初学划雪的人可以参加分组比赛。

（　　　）4. 亚布力滑雪场的风景很漂亮。

（　　　）5. 冰雪节有几十个活动，其中很多都不需要门票。

二、选词填空。

Fill in the blanks with the words given below.

A. 联系　　　B. 经验　　　C. 大概　　　D. 基础　　　E. 建成　　　F. 指导

1. 初学滑雪的人通常会请一位_____丰富的教练_____自己，避免在学习的过程中受伤。

2. 有滑雪_____的人，可以参加分组比赛。

3. 坐上_____1个小时的小火车，就可以到达动物园、温泉。

4. 那是一个完全用冰雪_____的世界，有美丽的冰雕和灯光。

5. 这座城市和冰雪深深地_____在了一起。

三、根据文章回答问题。

Answer the questions below according to the article.

1. 为什么哈尔滨被称为中国"冰城"？

_____

2. "猫冬"是什么意思？

_____

3. 人们在亚布力滑雪场可以有哪些活动？

_____

4. 为什么人们喜欢哈尔滨的"冰雪节"？

_____

5. 你的家乡有滑雪场吗？如果有，它和亚布力滑雪场有哪些不同？

_____

3 我在故宫修钟表

故宫里的钟表修复从清朝以后一直没有停止过。因为钟表一直在用，就算皇上被赶出去了，修复的人还是要有的。

我爷爷在故宫图书馆工作，奶奶去世以后，我跟爷爷一起生活。1977年，我16岁，初中毕业，10月份爷爷去世，故宫博物院主动找我们，让我来故宫上班，帮我解决就业问题。

小时候我很少进故宫，爷爷不让。送饭就送到北门，他出来拿。过去的故宫跟现在不一样，现在进出故宫要办手续，要给保安看个身份证什么的。那时候，我觉得故宫就是一个普通的单位。

我来故宫上班前，钟表组人最少，里面挂着帘子，黑黑的，就马师傅一个人。马师傅问我喜不喜欢这一类的工作，我说喜欢，他说那你就回家等着。钟表屋安静，我觉得挺好。

后来就进了故宫。第一年没干具体的活，就是拿普通钟表练习。那时候我把普通钟表一遍遍地拆开，又安装好，不知道反复多少回，里面怎么回事，慢慢也就熟了。第二年开始修简单的文物。那时候下班的时候，师傅不洗手，我也不敢洗。师傅给我一件事儿，我干不出来的话，急也没用。还不敢问，一问，师傅就会说我，"这么简单的问题你都不知道，你还能干嘛？"慢慢地，就有点懂了。

"修文物是和古代的人对话，"师傅这么说。我一开始没有太大的感觉，后来发现，我能感到我在和修复过它的人交流。我打开一个钟，会发现有的修得很好，有的修得不怎么样，就会知道上一个人的手艺怎样。我能体会到，文物是活的，不是死的机器。

我一共修过多少钟表，没有计算过。大的，一年也就一两个，还有很小的，那怎么也有两百多件、三百件。

修好一个特别复杂的东西的心情是什么样的？原来不知道它什么样，修好了，看到它原来是这样，心里就有成就感；别人知不知道是我修的，这没有关系。现在这里还有很多钟表等着修，一直没动；上次修，可能还是清朝的时候。

从16岁开始，我在这里39年了。离退休还有5年多。干这么多年了，也没什么成就，就是有感情。我现在带了一个小徒弟，已经有点儿本事了，能修几件小东西。你看，我们这个手艺，就慢慢传下去了。

注释

故宫 Gùgōng

The Forbidden City, an imperial palace complex of the Ming and Qing dynasties (1368–1912) in Beijing, China, a proud display of the essence and culmination of traditional Chinese architecture.

清朝 Qīng cháo

The Qing dynasty (1644–1912) was the last feudal dynasty in Chinese history. There were 12 emperors in total.

本级词

修 xiū | to repair

钟 zhōng | clock

停止 tíngzhǐ | to stop

被 bèi | (used in the passive voice to introduce the doer of the action or the action if the doer is not mentioned) by

赶 gǎn | to drive away

去世 qùshì | to pass away

初中 chūzhōng | junior high school

主动 zhǔdòng | on one's own initiative

解决 jiějué | to solve

就业 jiùyè | to find a job

过去 guòqù | in the past

手续 shǒuxù | procedure

保安 bǎo'ān | security guard

身份证 shēnfènzhèng | ID card

里面 lǐmiàn | inside

挂 guà | to hang

类 lèi | type

具体 jùtǐ | specific

把 bǎ | (used to advance the object of a verb to the position before it)

安装 ānzhuāng | to install

反复 fǎnfù | to repeat

开始 kāishǐ | to start

简单 jiǎndān | simple

没用 méiyòng | useless

敢 gǎn | to dare

古代 gǔdài | ancient times

交流 jiāoliú | to communicate

体会 tǐhuì | to understand

活 huó | alive

死 sǐ | dead

机器 jīqì | machine

计算 jìsuàn | to count

复杂 fùzá | complicated

关系 guānxì | relationship

退休 tuìxiū | to retire

成就 chéngjiù | achievement

感情 gǎnqíng | affection

本事 běnshì | ability

传 chuán | to pass down

超纲词

修复 xiūfù | to repair, to renovate

皇上 huángshang | emperor

毕业 bìyè | to graduate

帘子 liánzi | curtain

师傅 shīfu | master

拆 chāi | to disassemble

文物 wénwù | cultural relic, antique

手艺 shǒuyì | craftsmanship

成就感 chéngjiùgǎn | sense of achievement

徒弟 túdì | apprentice

练 习

一、根据文章判断正误。

Tell right or wrong according to the article.

（　　　）1. 我爷爷在<u>故宫</u>钟表组工作。

（　　　　）2. 我小时候常常进<u>故宫</u>给爷爷送饭。

（　　　　）3. 我来<u>故宫</u>上班前，钟表组人最少。

（　　　　）4. 修钟表带给我很多成就感。

（　　　　）5. 我担心修钟表的手艺不能传下去。

二、选词填空。

Fill in the blanks with the words given below.

A. 古代　　　B. 计算　　　C. 传　　　D. 具体　　　E. 交流　　　F. 主动

1. 第一年没干_____的活，就是拿普通钟表练习。

2. "修文物是和_____的人对话，"师傅这么说。

3. 你能感到你在和修复过它的人_____。

4. 我一共修过多少钟表，没有_____过。

5. 10月份爷爷去世，<u>故宫博物院</u>_____找我们，让我来<u>故宫</u>上班。

6. 我们这个手艺，就慢慢_____下去了。

三、根据文章回答问题。

Answer the questions below according to the article.

1. 为什么说修文物是和古代的人对话？

_____

2. 修复好一个特别复杂的东西，心情是什么样的？

_____

3. 在故宫修钟表是很简单的工作吗？为什么？

_____

4. 现在的故宫和过去有什么不一样？

_____

5. 从文中可以看出，"我"和师傅的关系是怎样的？

_____

4 兵马俑的个性

头一个造兵马俑的并不是秦始皇。Qín Shǐhuáng在他以前，就有别的王制造过一群群士兵俑，用来保护自己的陵墓，只不过数量没有这么大。造几千个和真人一样大小的俑，排队站着，这种程度只有秦始皇才能达到。

兵马俑的上面，原来是有建筑的，据说被项羽的士兵烧掉了。Xiàng Yǔ

单个地看，兵马俑的艺术价值并不是很高，它的历史价值要比艺术价值高得多。当初造兵马俑的人，不是艺术家，可能也没有觉得这是一种艺术作品。这些俑不需要有个性。他们只是普通的士兵，不需要有个人的想法、感情。

但是认真一看，就会发现他们每一个并不完全一样。

有一个长了胡子的，个子很高，看起来像个普通士兵。身体那么结实，可能会点儿功夫吧。

有一个胖胖的，他的头和身体都很圆。他人一定很好，大概喜欢说笑话，让大家乐一乐。

有一个脸很瘦，留着长长的胡子。据说这样的脸在陕西的农民中很常见。他也笑着，从他的眼睛看，他在想着一件什么事儿。

有人说，兵马俑的形象就是造俑者自己的形象，他们把自己或自己朋友的样子造成俑了。

虽然造兵马俑并不要求有个性，但是造俑者还是给了他们一些个性。因为造的是人，人总有个性，总有不同。造俑者创造的，只能是他见过的人，或是熟人，或是他自己。任何艺术，想要离开现实世界，都是不可能的。

注释

兵马俑 Bīngmǎyǒng

The Terracotta Army is a collection of terracotta sculptures depicting the armies of Qin Shihuang, the first emperor of China. It is a form of funerary art buried with the emperor in 210–209 BC with the purpose of protecting the emperor in his afterlife.

秦始皇 Qín Shǐhuáng

Qin Shihuang (or the First Emperor of Qin, 259–210 BC), the founder of the Qin dynasty and the first emperor of a unified China.

本级词

个性 gèxìng | personality

造 zào | to make

制造 zhìzào | to manufacture

群 qún | group

保护 bǎohù | to protect

种 zhǒng | kind of

程度 chéngdù | degree

上面 shàngmiàn | top

据说 jùshuō | it is said

艺术 yìshù | art

价值 jiàzhí | value

当初 dāngchū | originally

作品 zuòpǐn | works

个人 gèrén | personal

结实 jiēshi | strong

功夫 gōngfu | kung-fu

胖 pàng | fat

乐 lè | happy

农民 nóngmín | farmer

形象 xíngxiàng | image

者 zhě | person

总 zǒng | always

创造 chuàngzào | to create

熟人 shúrén | acquaintance

任何 rènhé | any

现实 xiànshí | reality

超纲词

王 wáng | king

士兵 shìbīng | soldier

陵墓 língmù | mausoleum

建筑 jiànzhù | architecture

烧掉 shāodiào | to burn off

历史 lìshǐ | history

胡子 húzi | beard

瘦 shòu | thin

练 习

一、根据文章判断正误。

Tell right or wrong according to the article.

(   ) 1. 秦始皇是第一个造兵马俑的人。

(   ) 2. 兵马俑上面的建筑现在已经不在了。

(   ) 3. 兵马俑的艺术价值比历史价值高。

(   ) 4. 造兵马俑的人都是艺术家。

(   ) 5. 每个兵马俑的形象都是一样的。

二、选词填空。

Fill in the blanks with the words given below.

A. 任何　　　B. 作品　　　C. 据说　　　D. 结实　　　E. 上面　　　F. 熟人

1. 兵马俑的＿＿＿＿＿＿，原来是有建筑的，＿＿＿＿＿＿被项羽的士兵烧掉了。

2. 当初造兵马俑的人可能也没有觉得这是一种艺术＿＿＿＿＿＿。

3. 身体那么＿＿＿＿＿＿，可能会点儿功夫吧。

4. 他创造的，只能是他见过的人，或是＿＿＿＿＿＿，或是他自己。

5. ＿＿＿＿＿＿艺术，想要离开现实世界，都是不可能的。

三、根据文章回答问题。

Answer the questions below according to the article.

1. 为什么古代的王要制造兵马俑？

_____

2. 兵马俑上面的建筑去哪儿了？

_____

3. 制造兵马俑的人觉得它是艺术作品吗？

_____

4. 你觉得兵马俑有没有个性？为什么？

_____

5 把家安在园林里

苏州的冬夜，拙政园（Zhuōzhèng Yuán）里正在演出《牡丹亭》（Mǔdān Tíng）。在这明朝的园林，听着明朝的《牡丹亭》，会有一种回到明朝的感觉。

2004年，大学教师王惠康（Wáng Huìkāng）经过苏州东山，发现了一座已经被改造成工厂宿舍的园林。为了住更多的人，园子已被改得没了以前的样子，只有两棵古树还始终保持着300年前的状态。

王惠康感受到了其中的价值。卖掉为儿子准备的结婚房子后，王惠康花了三百万人民币买下了这座园子，然后又花了四五百万元来整理、完善。他把原来的厂房拆了一半，把空间留给了树木、花草，恢复了这座苏州园林本来的样子，它就是"嘉树堂"（Jiāshù Táng）。后来，嘉树堂这座拥有300年历史的园林成了王惠康日常生活的地方。王惠康实现了很多人的理想——把家安在园林里。"人不能只有居住，生活不能只是生存，"王惠康常常说。

园林很美，有很多优点，但是缺点也很明显。比如房子又老又旧，这里要修，那里要补，不仅麻烦，费用还相当大。再美的园林也没有现代建筑舒服、方便。

但在工匠薛林根（Xuē Língēn）看来，这些都不是问题。过去的几十年中，薛林根和父亲薛福鑫（Xuē Fúxīn）参与了拙政园、沧浪亭（Cānglàng Tíng）、网师园（Wǎngshī Yuán）等多项苏州园林的修复工作。走进苏州园林，一半人工，一半自然，

眼前总是一幅完美的图画。薛林根已经72岁，还在做工匠这一行。他相信，园林要几百年、几千年地传下去，而匠人们的手艺也要几百年、几千年地传下去。

　　对于王惠康来说，改造修复的老房子能不能得到儿子的喜爱，他也没有把握。不过，王惠康的儿子王之石还是很理解父亲。一家人常常坐在嘉树堂的古树下吃饭、聊天。"其实我觉得我爸爸很有品味，"王之石说，"他也是园林文化的一部分。"

拙政园 Zhuōzhèng Yuán

The Humble Administrator's Garden is a UNESCO World Heritage Site and one of the most famous of the gardens of Suzhou.

沧浪亭 Cānglàng Tíng

Built in 1044, the Pavilion of Surging Waves is the oldest classical garden in Suzhou.

网师园 Wǎngshī Yuán

The Garden of the Master of the (Fishing) Nets was originally a 12th-century garden called "Fisherman's Retreat". It became a UNESCO World Heritage Site in 1997.

《牡丹亭》 Mǔdān Tíng

The Peony Pavilion is a romantic tragicomedy written by Tang Xianzu in 1598. The play was originally intended for the Kunqu opera, one of the genres of traditional Chinese theatre arts.

本级词

演出 yǎnchū | to show

改造 gǎizào | to transform

工厂 gōngchǎng | factory

为了 wèile | in order to

始终 shǐzhōng | all along

保持 bǎochí | to maintain

状态 zhuàngtài | status

结婚 jiéhūn | to marry

人民币 rénmínbì | RMB

整理 zhěnglǐ | to put in order

完善 wánshàn | to complete

本来 běnlái | original

日常 rìcháng | everyday life

生存 shēngcún | to survive

美 měi | beautiful

优点 yōudiǎn | advantage

缺点 quēdiǎn | disadvantage

明显 míngxiǎn | obvious

旧 jiù | old

补 bǔ | to mend

不仅 bùjǐn | not only

麻烦 máfan | troublesome

费用 fèiyong | cost

相当 xiāngdāng | rather

现代 xiàndài | modern

父亲 fùqīn | father

人工 réngōng | artificial

眼前 yǎnqián | before one's eyes

完美 wánměi | perfect

图画 túhuà | picture

把握 bǎwò | (to be) sure

理解 lǐjiě | to understand

其实 qíshí | actually

超纲词

安 ān | to find a place for

园林 yuánlín | garden

园 yuán | garden

宿舍 sùshè | dormitory

棵 kē | a measure word for trees

恢复 huīfù | to recover

居住 jūzhù | to reside, to live

工匠 gōngjiàng | craftsman

参与 cānyù | to participate in

喜爱 xǐ'ài | to like

品味 pǐnwèi | taste

练 习

一、根据文章判断正误。

Tell right or wrong according to the article.

( ) 1. 嘉树堂被改造成了工厂宿舍。

( ) 2. 嘉树堂已经有300年的历史了。

( ) 3. 老房子比现代建筑更舒服、方便。

( ) 4. 王惠康的儿子不理解父亲的选择。

( ) 5. 王惠康的儿子常常来嘉树堂。

二、选词填空。

Fill in the blanks with the words given below.

A. 保持　　B. 文化　　C. 图画　　D. 为了　　E. 改造　　F. 现代

1. _____住更多的人，园子已被改得没了以前的样子。

2. 只有两棵古树还始终_____着300年前的状态。

3. _____修复的老房子能不能得到儿子的喜爱，他也没有把握。

4. 再美的园林也没有_____建筑舒服、方便。

5. 一半人工，一半自然，眼前总是一幅完美的_____。

6. 他也是园林_____的一部分。

三、根据文章回答问题。

Answer the questions below according to the article.

1. 王惠康为什么把这个园子买下来？

_____

2. 住在园子里有什么优点和缺点？

_____

3. 王惠康的儿子怎么看父亲的选择？

_____

4. 工匠薛林根理解王惠康的做法吗？

_____

5. 你喜欢住这样的老房子吗？为什么？

_____

6 愚园路上
桃花源

　　2007年6月，上海市公布了64条不能进行任何改造的老马路。这64条马路串起了建筑、历史、文化和生活，越来越受到人们的喜爱。愚园路(Yúyuán Lù)就是这64条马路中的一条。

　　愚园路419号有一个小院子，院子主人王守华老先生今年72岁，住在这里已经40多年了。一个夏天的下午，我们走进了这个小院子，王守华老先生正在等我们。老先生上面穿着一件白色的衬衫，下面是一条黄色的裤子，看上去很精神。

　　老先生给我们介绍，这里叫"怡然小院"，一方面是因为小院子桃花源一般的环境，另一方面是因为"怡然自得"四个字道出了这里的快乐满足。院子不大，种了葡萄，一串串葡萄挂下来，很是生动。墙边还放着一张木头桌子，有空儿的时候，可以在院子里坐着看看杂志，喝一杯绿茶，或者收听广播节目，确实是让人快乐的时刻。

　　王老先生住的老房子建于20世纪30年代，已经差不多一百年了。原来的主人是一位英国记者，名叫Arthur Waller。这条路上一共有十座老房子，因为十座房子十个样子，所以这里的人叫它"十样景"。

　　40多年前，王先生和爱人坐公交车路过愚园路，车子在车站停下的时候，他看见了"十样景"，"一眼就爱上了这里！我要住到这里来。"住到"十样景"之后，他就开始整理小院子。

　　不只王老先生对这房子有感情，房子原主人Arthur Waller和他的家属都没有忘记这个远在中国的曾经的家。1998年，王老先生在"怡然小院"接待了几个外国客人，他们就是Arthur Waller的家属。年轻人拍了照片给远在英国的老人看，老人立刻就哭了，说他认得这个小院子，这就是自己出生的地方。

　　后来，两家人一直保持着联系，只要Waller的家人来中国，就一定会想办法来上海，看一看王老先生，在老房子里拍照。王老先生相信，这座房子给自己带来了和Waller的缘分，这段缘分不会断，会一直继续下去。

　　愚园路是一条有历史的路，有故事的路，有文化的路。跟王老先生一样热爱愚园路的人还真不少啊。

注释

桃花源 Táohuāyuán

The Peach Blossom Source was a fable written by Tao Yuanming in 421 about an ethereal utopia where the people lead an ideal life in harmony with nature, unaware of the outside world for centuries. The phrase can be used to describe an idealistic place of beauty and repose.

本级词

公布 gōngbù | to announce

衬衫 chènshān | shirt

下面 xiàmiàn | below, bottom

裤子 kùzi | pants

看上去 kànshàngqù | to look, to appear

精神 jīngshen | spirited

一方面 yì fāngmiàn | on the one hand

另一方面 lìng yì fāngmiàn | on the other hand

生动 shēngdòng | lively

木头 mùtou | wood

空儿 kòngr | free time

杂志 zázhì | magazine

绿茶 lùchá | green tea

收听 shōutīng | to tune in (to a radio program)

广播 guǎngbō | radio broadcast

确实 quèshí | indeed

时刻 shíkè | moment

世纪 shìjì | century

年代 niándài | decade

记者 jìzhě | journalist

家属 jiāshǔ | family member

曾经 céngjīng | once

接待 jiēdài | to receive, to entertain (guests)

拍 pāi | to take (photos)

立刻 lìkè | immediately

认得 rènde | to recognize

断 duàn | to break

继续 jìxù | to continue

下去 xiàqù | to go on

热爱 rè'ài | to love

超纲词

怡然自得 yíránzìdé | to be happy and self-contented

葡萄 pútao | grape

串 chuàn | to string together; strand, string

缘分 yuánfèn | destiny that ties people together

练习

一、根据文章判断正误。

Tell right or wrong according to the article.

（　　）1. "怡然小院"建于20世纪20年代。

（　　）2. "怡然小院"原来的主人是一位英国记者。

（　　）3. 房子的原主人没有忘记这个中国的家。

（　　）4. Waller的家属没有来过"怡然小院"。

（　　）5. 王老先生和Waller的缘分会一直继续下去。

二、选词填空。

Fill in the blanks with the words given below.

A. 认得　　　B. 年代　　　C. 精神　　　D. 公布　　　E. 热爱　　　F. 继续

1. 2007年6月，上海市＿＿＿＿＿＿＿了64条不能进行任何改造的老马路。

2. 老先生上面穿着一件白色的衬衫，下面是一条黄色的裤子，看上去很＿＿＿＿＿＿＿。

3. 王老先生住的老房子建于20世纪30＿＿＿＿＿＿＿。

4. 老人立刻就哭了，说他＿＿＿＿＿＿＿这个小院子，这就是自己出生的地方。

5. 这段缘分不会断，会一直＿＿＿＿＿＿＿下去。

6. 跟王老先生一样＿＿＿＿＿＿＿愚园路的人还真不少啊。

三、根据文章回答问题。

Answer the questions below according to the article.

1. 为什么上海这64条老马路不能改造？

_____

2. 为什么王老先生的小院子叫"怡然小院"？

_____

3. 王老先生认识"怡然小院"原来的主人吗？你是怎么知道的？

_____

4. 为什么说愚园路是"一条有历史的路，有故事的路，有文化的路"？

_____

5. 在你的家乡，有像愚园路这样的老马路吗？如果有，请简单介绍。

_____

7 广东早茶是茶吗？

　　在广州的茶楼里，常常会看到一家老小坐在一起喝早茶。桌子上除了茶以外，还有许多点心。广东（Guǎngdōng）人吃早茶，不仅仅是喝茶，点心也是很重要的。

　　吃早茶已成为"老广州"们生活中不可缺少的一部分。在茶楼里，大家一边吃好吃的点心，一边和家人朋友说说话，慢慢地，人与人之间的关系就近了。在广东，"请早茶"成为一种普遍的交朋友的方式。"吃早茶了吗？"成为"老广州"们见面时最常说的一句话。

如果缺了点心，早茶就没有意义了。茶楼的点心讲究美、新、巧，最有名的是广式虾饺。跟北方的饺子不同，广式虾饺是用虾肉做的，外皮透明，从外面还可以看到虾肉的颜色。

广州有许多百年老茶楼。越秀区小北路的北园酒家是广州最受欢迎的一家茶楼。中午11点左右，茶客们已在门口等着开门，不一会儿的工夫就排起了长队。茶楼老板雷良说，平时顾客大部分是广州人，大家一般会点一些传统的点心，新的点心比如"黑芝麻糕"也比较受欢迎。广州茶楼一方面要满足人们对传统食品的需求，另一方面也要不断改进，让客人们满意。

以前茶楼早上六点已经热闹起来，人们一边听粤剧一边喝茶。所以，吃早茶在广州又被称为"叹茶"（"叹"就是享受的意思）。现在早茶的茶客很多是老年人，年轻人主要吃早午茶。雷良说，20世纪80年代在广州有早茶、中午茶、下午茶和夜茶，现在人们习惯不同，早茶、中午茶最多，下午茶也有。

早茶最早是从什么时候正式开始的？没有明确的记录。据说，在清朝，佛山、广州等地最早出现了茶馆。人们在茶馆里基本上都是喝个茶，吃比较普通的点心。后来，出现了高级茶楼，一般是两层楼。清朝的茶楼，每层楼的价格不同，越往上走越贵。广东有一句话叫"有钱上高楼，没钱地下蹲"，意思是有钱的人上楼喝茶，普通的老百姓在下面一楼消费。

为什么广东人喜欢去茶楼？在广东人看来，去茶楼是喝茶，也是交朋友。一个人可能十年都在同一个茶楼喝茶，和其他茶客都成了老朋友，每天都要见见面、说说话。今天，虽然许多年轻人不喝早茶，但是，等他们年纪大了以后，也许会像爸爸妈妈爷爷奶奶一样，去茶楼喝早茶。

注释

广式虾饺 Guǎngshì xiājiǎo

Shrimp dumplings, a traditional Cantonese dim sum. The main ingredients for the filling consist of shrimp, bamboo shoots, and pork fat.

黑芝麻糕 hēi zhīma gāo

Black sesame cake, a Cantonese dessert made from black sesame seeds and glutinous rice flour.

粤剧 Yuèjù

> The Cantonese opera, one of the major forms of traditional Chinese opera, involving music, singing in Cantonese, martial arts, acrobatics, and acting. It is popular in Guangdong, Guangxi, Hong Kong, Macau and among Chinese communities in Southeast Asia.

本级词

除了 chúle | except

食品 shípǐn | food

仅仅 jǐnjǐn | only

需求 xūqiú | demand

已 yǐ | already

不断 búduàn | continuously

缺少 quēshǎo | to lack

改进 gǎijìn | to improve

普遍 pǔbiàn | universal

所以 suǒyǐ | therefore

时 shí | at the time of

称为 chēngwéi | to call

缺 quē | to lack

正式 zhèngshì | formally

意义 yìyì | meaning

明确 míngquè | definite

巧 qiǎo | clever, ingenious

记录 jìlù | record

皮 pí | skin

价格 jiàgé | price

外面 wàimiàn | outside

老百姓 lǎobǎixìng | ordinary people

左右 zuǒyòu | about

消费 xiāofèi | to consume

工夫 gōngfu | time

年纪 niánjì | age

老板 lǎobǎn | boss

超纲词

茶楼 chálóu | teahouse

传统 chuántǒng | traditional

点心 diǎnxin | dim sum

芝麻 zhīma | sesame

讲究 jiǎngjiu | to be particular about

热闹 rènao | bustling with activity

式 shì | type, style

叹 tàn | to praise, to exclaim in admiration

虾 xiā | shrimp

享受 xiǎngshòu | to enjoy

透明 tòumíng | transparent

蹲 dūn | to squat

练 习

一、根据文章判断正误。

Tell right or wrong according to the article.

（　　　）1. 广东人吃早茶的时候不吃点心。

（　　　）2. 吃早茶是广东人生活中很重要的一部分。

（　　　）3. 广东茶楼的点心会不断改进。

（　　　）4. 清朝的茶楼，每层楼的价格是一样的。

（　　　）5. 年轻人比老年人更喜欢去茶楼。

二、选词填空。

Fill in the blanks with the words given below.

A. 记录　　　B. 改进　　　C. 缺少　　　D. 意义　　　E. 需求　　　F. 老百姓

1. 吃早茶已成为"老广州"们生活中不可_____的一部分。

2. 如果缺了点心，早茶就没有_____了。

3. 广州茶楼一方面要满足人们对传统食品的_____，另一方面也要不断_____。

4. 有钱的人上楼喝茶，普通的_____在下面一楼消费。

5. 早茶最早是从什么时候正式开始的？没有明确的_____。

三、根据文章回答问题。

Answer the questions below according to the article.

1. 什么是广东早茶?

_____

2. 早茶最早是从什么时候开始的?

_____

3. 为什么广东人喜欢吃早茶?

_____

4. 广东茶楼的点心有什么讲究?

_____

5. 现在很多年轻人不喜欢早茶,那么吃早茶的传统会改变吗?

_____

8 新疆的馕

　　在中国新疆，有一种美食叫"馕"。这个名字来自古代的波斯语，意思是面包。馕已经有两千多年的历史了，在古代的丝绸之路上，经过新疆的人们就带着馕当食物，它几个月也不会变坏。1972年，新疆吐鲁番发现了一个1 000多年前的馕。今天，新疆人常说："可以一日没有肉，不可一日没有馕。"他们到底有多能吃馕呢？《新疆日报》提到，新疆人一天大概可以吃三百万个馕。

馕有大有小，味道又香又甜。吃馕的方法有很多种：可以切成小块和羊肉一起吃，也可泡在羊肉汤里吃；可以泡牛奶吃，也可以配点心一起吃。馕的上面放几串肉，一块肉一口馕，是最好吃的。老人们常常坐在阳光下，吃一小块馕，喝一口茶。走在新疆的街上，有时候你会看到小店里羊肉汤的上面漂着几个馕。馕喝饱了羊肉的汤和油，味道特别香。

馕，就像是新疆人的生活。只有在新疆，才能吃到这样简单的食物。出门走远路的新疆人一定会在行李中装足够多的馕。路边看到一条干净的小河，就把馕拿出来往水里一扔，在河里洗脸、喝水，等到馕漂到面前，拿起来放进嘴里，味道正好。这是一个新疆人的午饭。只需要几个馕，就可以去很远的地方。

有一年夏天，一位司机开车走在塔克拉玛干沙漠公路上。汽车坏了，怎么修都不行。一天过去了，他饿极了，睡在了路边。他想到了家人，想到了小时候，想到了才三个月的孩子。他不知道自己能坚持多久。就在他要失去活下去的希望时，他看到前面的司机留在路边的一块馕。第二天早上，当第一束阳光照在身上时，终于传来了汽车的声音。这块馕让他等到了下一辆经过的车，得到了帮助。"只有我们新疆人，"他说，"才知道馕的重要。它能救人啊！"

在新疆的各种节日中，上的第一道食物就是馕。结婚的时候，两位新人要一起吃一块盐水馕。盐和馕是生命必需的元素，代表着新人以后就是共同享受幸福、共同克服困难的一家人。

来到新疆，一定要吃一块馕。吃简单的食物，过简单的生活：一间房子，一张床，一块馕；如果还有什么，就是房子后面的河水，可以泡馕。

注释

波斯 Bōsī

> Persia, a historic region of southwestern Asia, roughly today's Iran.

丝绸之路 Sīchóuzhīlù

> The Silk Road was a network of Eurasian trade routes active from the 2nd century BC to the mid-15th century. Spanning over 6,400 kilometers, it played a central role in facilitating economic, cultural, and political interactions between the East and the West. The Silk Road derives its name from the highly lucrative trade of silk textiles that were produced almost exclusively in China.

塔克拉玛干沙漠 Tǎkèlāmǎgàn shāmò

> Taklamakan Desert, the biggest desert in China, located in southwestern Xinjiang in Northwest China.

本级词

美食 měishí | delicious food

到底 dàodǐ | on earth

香 xiāng | fragrant, appetizing

甜 tián | sweet

羊 yáng | lamb

汤 tāng | soup

配 pèi | to match

阳光 yángguāng | sunshine

行李 xíngli | luggage

足够 zúgòu | enough

极了 jíle | extremely

坚持 jiānchí | to hold on, to persist

失去 shīqù | to lose

希望 xīwàng | hope

前面 qiánmiàn | front, before

束 shù | beam (of light)

照 zhào | to shine

终于 zhōngyú | finally

传来 chuánlái | to come through

救 jiù | to save

各种 gèzhǒng | various kinds

生命 shēngmìng | life

代表 dàibiǎo | to represent

共同 gòngtóng | together

幸福 xìngfú | happiness

克服 kèfú | to overcome

困难 kùnnan | difficulty

张 zhāng | a measure word for beds

超纲词

馕 náng | a crusty cake

切成 qiēchéng | to cut into

泡 pào | to steep, to soak

漂 piāo | to float

扔 rēng | to throw

沙漠 shāmò | desert

新人 xīnrén | newcomer, especially newlyweds

盐 yán | salt

元素 yuánsù | element

练 习

一、根据文章判断正误。

Tell right or wrong according to the article.

（   ）1. 馕已经有很久的历史了。

（   ）2. 馕是一种很简单的食物，不适合在节日的时候吃。

（   ）3. 出门走远路的<u>新疆</u>人喜欢带着馕。

（   ）4. 可以用羊肉汤泡馕，也可以用水泡馕。

（   ）5. 1972年，<u>新疆</u><u>吐鲁番</u>发现了一个1 000多年前的馕。

二、选词填空。

Fill in the blanks with the words given below.

A. 坚持　　　B. 希望　　　C. 足够　　　D. 终于　　　E. 困难　　　F. 各种

1. 就在他要失去活下去的_____时，他看到前面的司机留在路边的一块馕。

2. 出门走远路的<u>新疆</u>人一定会在行李中装_____多的馕。

38

3. 盐和馕是生命必须的元素，代表着新人以后就是共同享受幸福、共同克服_____的一家人。

4. 在新疆的_____节日中，上的第一道食物就是馕。

5. 当第一束阳光照在身上时，_____传来了汽车的声音。

6. 他不知道自己能_____多久。

三、根据文章回答问题。

Answer the questions below according to the article.

1. "馕"这个名字最初的意思是什么？

_____

2. 《新疆日报》提到，今天的新疆人一天可以吃多少个馕？

_____

3. 吃馕的方法有哪些？

_____

4. 新疆人结婚的时候，为什么吃盐水馕？

_____

5. "吃简单的食物，过简单的生活。"你愿意过这样的生活吗？说说你的看法。

_____

9 内蒙古的那达慕大会

在中国北方的美丽草原上，只要有内蒙古人生活的地方，就有那达慕大会。由于和体育的关系，那达慕大会又被人们叫做"草原上的奥林匹克"。那达慕大会在每年的7月或8月举办，前后一共7到10天的时间。这时，草原的景色最美，牛羊最肥，马奶酒最好喝，内蒙古人开始休假，外地游客集中到这里旅游。那达慕大会的时候，不论是谁，都可以来到草原上，参加比赛。

"那达慕"是从蒙古语来的，意思是游戏。那达慕有很久的历史。早在13世纪，每年7到8月间，为了庆祝丰收，人们就会在草原上举办一次大会。最开始，只是举行射箭、赛马、摔跤中的某一个比赛，到了元朝、明朝，人们把射箭、赛马、摔跤这三个比赛结合在一起，形成了那达慕大会的基本形式。到了清朝，那达慕大会慢慢变成了定期举办的民族活动，体现了内蒙古各民族的团结和情感。

一直以来，内蒙古人对马就有特别的感情。内蒙古人从小就在马背上长大，要做一个合格的内蒙古人，骑马是最基本的要求。在内蒙古人的文化里，所有的故事都离不开马。因此，在那达慕大会上，谁家的马要是在比赛中跑得最快，那就是他们最值得高兴的事情。比赛时，人们身穿彩色的蒙古族服装，配上长长的彩带，跑起来就是一片美丽的颜色，显得特别好看，十分精彩。

摔跤是内蒙古人特别喜欢的体育活动，也是那达慕大会不可缺少的一个比赛。内蒙古人的摔跤有特别的服装和方法，比赛开始的时候，摔跤手跳着舞上

来，比赛双方握手后，比赛才真正开始。

　　射箭是那达慕大会最早的比赛之一。射箭比赛有二十五步、五十步、一百步几种，难度各不一样。比赛不分性别、年纪，男女老少都可以参加。

　　今天的那达慕大会已经不仅是体育比赛了，它更像是内蒙古人的传统节日。举办那达慕大会时，内蒙古人都会穿上传统的蒙古族服装，骑着马，赶着车，前往参观。人们在那达慕大会上参加比赛，观看歌舞表演，进行文化、经济、信息交流。一年又一年，那达慕大会一直陪伴着草原人民。

注释

奥林匹克 Àolínpǐkè

The Olympic Games or Olympics are the leading international sporting events featuring summer and winter sports competitions in which thousands of athletes from around the world participate in a variety of competitions.

元朝 Yuán cháo

The Yuan dynasty was a Mongol-led imperial dynasty of China. It was established by Kublai Khan and lasted from 1271 to 1368.

明朝 Míng cháo

The Ming dynasty was an imperial dynasty of China, ruling from 1368 to 1644. It was founded by Zhu Yuanzhang.

本级词

由于 yóuyú | because of

举办 jǔbàn | to hold

前后 qiánhòu | around; from beginning to end

牛 niú | ox

集中 jízhōng | to gather

不论 búlùn | no matter

庆祝 qìngzhù | to celebrate

某 mǒu | certain

结合 jiéhé | to combine

形成 xíngchéng | to form

基本 jīběn | basic

形式 xíngshì | form

定期 dìngqī | on a regular basis

民族 mínzú | ethnic

团结 tuánjié | unity

情感 qínggǎn | emotion

以来 yǐlái | since

马 mǎ | horse

背 bèi | back

合格 hégé | qualified

因此 yīncǐ | therefore

要是 yàoshi | if

值得 zhídé | to be worth

彩色 cǎisè | colorful

服装 fúzhuāng | clothing

显得 xiǎnde | to appear

精彩 jīngcǎi | wonderful, splendid

跳舞 tiàowǔ | to dance

双方 shuāngfāng | both sides

握手 wòshǒu | to shake hands

步 bù | step

难度 nándù | difficulty

性别 xìngbié | gender

前往 qiánwǎng | to go to

表演 biǎoyǎn | performance

经济 jīngjì | economy

超纲词

草原 cǎoyuán | grassland

肥 féi | fat

丰收 fēngshōu | harvest

射箭 shèjiàn | archery

赛马 sàimǎ | horse racing

摔跤 shuāijiāo | wrestling

陪伴 péibàn | to accompany

练 习

一、根据文章判断正误。

Tell right or wrong according to the article.

（　　）1. 内蒙古人生活在中国南方的草原上。

（　　）2. 那达慕大会又被人们叫做"草原上的奥林匹克"。

（　　）3. 只有内蒙古人才可以参加那达慕大会。

（　　）4. 那达慕大会在每年的春天举办。

（　　）5. 那达慕大会不但是体育比赛，还是文化、经济、信息交流的大会。

二、选词填空。

Fill in the blanks with the words given below.

A. 性别　　B. 表演　　C. 基本　　D. 庆祝　　E. 合格　　F. 定期

1. 为了_____丰收，人们会在草原上举办一次大会。

2. 那达慕大会慢慢变成了_____举办的民族活动。

3. 要做一个_____的内蒙古人，骑马是最_____的要求。

4. 比赛不分_____、年纪，男女老少都可以参加。

5. 人们在那达慕大会上参加比赛，观看歌舞_____。

三、根据文章回答问题。

Answer the questions below according to the article.

1. 为什么那达慕大会在每年的7、8月间举办？

_____

2. "那达慕"在蒙古语里是什么意思？

_____

3. 今天的那达慕大会有哪些比赛？请你介绍一下。

_____

4. 内蒙古人的摔跤有什么特别的地方？

_____

10 鸟的 天堂

青海 湖在中国西部，是中国第一大湖，面积大约有4 600平方公里。在没到过青海湖的人眼里，青海湖是蓝色的。但是，只要你走近青海湖，你就会发现，青海湖的颜色或蓝或绿，不同的颜色出现在湖水中，这时你才会理解为什么人们曾经把青海湖称为"仙海"。青海湖里还有五座岛，有很多鸟儿在上面生活，其中两座岛被称为"鸟岛"。

青海湖"鸟岛"是鸟的天堂，每年，这里要接待几千对鸟儿，有几万只小鸟出生。

49岁的李英华是"鸟岛"上的工作人员。李英华1985年被分配到"鸟岛"工作，从那以后，每天观察鸟的生活，保护鸟不受危害，就是他的日常。小鸟出生，他怕它们不能适应新的环境；小鸟成长，他会高兴；失去小鸟，他跟鸟爸爸鸟妈妈一起伤心。保护小鸟是他的事业，也是他的生活，他的生命紧紧地跟鸟联系在一起，在"鸟岛"上，他一住就是30年。

有一年春天，突然下了大雪。第二天一早，李英华赶紧跑向湖边，他害怕冰雪冻坏了鸟蛋。越走近湖边，他就越急：湖边看不到一只鸟！难道一场雪让这些鸟都飞走了？"走到鸟窝前面，我都要感动得哭了。这些鸟一动不动地坐在鸟窝里，不论下多大的雪，身上多冷，都要保护鸟蛋。"李英华说，"大鸟害怕一动身体，大雪就会冻坏它们的鸟蛋，所以它们就这样一动不动地坐着，直到身上的雪都变成了水。"

还是那一年。小鸟出生后，鸟妈妈就带它下水。李英华觉得奇怪的是，小鸟下水后，鸟妈妈就用嘴把自己的毛拔下来。他不知道为什么，跟很多人打听以后才知道：大鸟碰到危险的时候，都会跑开，那时小鸟就会十分危险。鸟妈妈把自己的毛拔下来，就是想飞也飞不了了。这样，不管多么危险，它也不会离开自己的孩子。

"鸟岛"的每种鸟都有特别的地方。比如棕头鸥：常常可以看到棕头鸥下水捉鱼，然后把鱼送给自己心爱的鸟儿。"这和男人给自己喜欢的女人送礼物一样，鸟儿也会通过送礼物的方式来表达爱心。"看到这儿，你是不是觉得大自然很有意思呢？

经过多年的保护，青海湖中鱼的数量不断增长，给了鸟儿丰富的食物，青海湖的鸟从20年前的110多种增加到了现在的220多种。"我们很高兴，我们的努力见到了效果。"李英华这样说，"按照国家规定，原来的一些经济活动都退出了保护区范围。这两年，青海湖的自然环境越来越好，适合鸟儿生活的面积也越来越大，我们对以后的发展都很乐观。"

注释

青海湖 Qīnghǎi Hú

Qinghai Lake, also known as the "Blue Sea", located in an endorheic basin in Qinghai Province. It is the largest lake in China.

本级词

西部 xībù | western region

大约 dàyuē | approximately

人员 rényuán | staff

分配 fēnpèi | to assign

观察 guānchá | to observe

危害 wēihài | to endanger

适应 shìyìng | to adapt

伤心 shāngxīn | heart-broken

事业 shìyè | career

紧 jǐn | tight

赶紧 gǎnjǐn | hasten

害怕 hàipà | to be afraid

只 zhī | a measure word (for birds)

难道 nándào | could it be that…

直到 zhídào | until

奇怪 qíguài | strange

毛 máo | feather

打听 dǎtīng | to inquire

危险 wēixiǎn | danger

表达 biǎodá | to express

爱心 àixīn | love

数量 shùliàng | quantity, amount

增长 zēngzhǎng | to increase

增加 zēngjiā | to add

效果 xiàoguǒ | effect

按照 ànzhào | according to

规定 guīdìng | regulation

退出 tuìchū | to quit, to withdraw

区 qū | district

范围 fànwéi | scope

乐观 lèguān | optimistic

超纲词

天堂 tiāntáng | paradise

平方 píngfāng | square

仙 xiān | fairy

岛 dǎo | island

冻 dòng | to freeze

鸟窝 niǎowō | bird nest

拔 bá | to pull out

棕头鸥 zōngtóu'ōu | brown-headed gull

捉 zhuō | to catch

练 习

一、根据文章判断正误。

Tell right or wrong according to the article.

（　　　）1. 青海湖是中国第一大湖。

（　　　）2. 李英华在青海湖"鸟岛"工作了很长时间。

（　　　）3. 李英华的工作是给游客介绍青海湖。

（　　　）4. 青海湖的鱼现在有220多种。

（　　　）5. 棕头鸥也会送礼物。

二、选词填空。

Fill in the blanks with the words given below.

A. 表达　　　B. 增长　　　C. 大约　　　D. 乐观　　　E. 退出　　　F. 分配

1. 青海湖的面积＿＿＿＿＿＿有4 600平方公里。

2. 李英华1985年被＿＿＿＿＿＿到"鸟岛"工作，

3. 鸟儿也会通过送礼物的方式来＿＿＿＿＿＿爱心。

4. 经过多年的保护，青海湖中鱼的数量不断＿＿＿＿＿＿。

5. 原来的一些经济活动都＿＿＿＿＿＿了保护区范围。

6. 我们对保护区以后的发展都很＿＿＿＿＿＿。

三、根据文章回答问题。

Answer the questions below according to the article.

1. 为什么青海湖里的两座岛被称为"鸟岛"？

_____

2. 李英华的工作是什么？你喜欢他的工作吗？

_____

3. 那一年的下雪天，为什么鸟儿都一动不动坐在鸟窝里？

_____

4. 在你的国家，有青海湖这样的自然保护区吗？请简单介绍一下。

_____

5. 为什么李英华对保护区的发展感到很乐观？

_____

11 到成都看大熊猫

    大熊猫一直受到各国人民的喜爱。它们动作很慢，全身上下只有黑和白两种颜色，眼睛周围黑黑的，十分可爱。

    说起中国，很多人就会想到大熊猫。但在中国，大熊猫也不是哪里都能见得到的。大熊猫的家乡在四川^{Sìchuān}。以前，那里生活着许多大熊猫。但是后来，它们的生活环境被破坏了，大熊猫变得越来越少。人们不得不采取人工的方法，来保证大熊猫的生存。在四川成都^{Chéngdū}，人们专门建了一个100万平方米的"大熊猫基地"，两百多只大熊猫幸福地生活在那里。

    别看大熊猫不爱运动不爱跑步，每天吃的东西可不少。一只大熊猫一天至少

50

要吃20千克左右的竹子。可以说大熊猫除了睡觉以外，就在不停地吃。事实上，大熊猫并不是只吃竹子，它们也爱吃其他水果，香蕉、苹果，它们都喜欢。

刚出生的大熊猫是粉红色的，因为还没有长出毛来，所以看上去一点儿也不像大熊猫，但是慢慢地，它们就会长出黑白色的毛。许多人开玩笑说，大熊猫只有在刚出生的时候能够拍彩色照片，长大了就只能照黑白照片了。

在大熊猫基地，大熊猫们什么都不缺，不用互相争食物。大熊猫基地还为大熊猫准备了各种玩具，也有很多地方让大熊猫玩。大熊猫可以在小河里洗澡，在地上玩沙子，跟哥哥姐姐吵个架，跟爸爸妈妈玩个游戏。要是累了，就在草地上睡觉。这日子过得好幸福啊！

去大熊猫基地看大熊猫也很方便。门票收费不贵，还可以网上订票。除了看大熊猫以外，还可以在里面吃饭、喝咖啡。小朋友一定会喜欢大熊猫奶茶！

20世纪80年代，很多竹子开花，一部分大熊猫因为缺少食物被集中到成都动物园。为了加强对病饿大熊猫的管理，1987年，成都市在成都动物园的基础上建立了大熊猫基地，开始将大熊猫饲养与教育、研究等结合起来。基地建立以来，已经联合世界上很多国家的大学、动物园进行大熊猫的相关研究。在基地出生的大熊猫长大以后，一部分会送到澳大利亚、英国等国家的动物园，方便世界各地研究者共同研究，也可以让大家参观。在中外大熊猫研究者的共同努力下，2021年，有8只大熊猫在马来西亚、日本等国家的动物园出生并且活了下来，这是开展国际合作研究以来国外大熊猫出生最多的一年。2021年7月，中国国务院新闻办公室公布，中国野生大熊猫数量持续增长，目前已经达到1 800多只，预计这个数字还会上升。

注释

国务院 Guówùyuàn

The State Council of the People's Republic of China, synonymous with the Central People's Government, is the chief administrative authority of the People's Republic of China. It is chaired by the premier and includes each cabinet-level executive department's executive chief.

本级词

周围 zhōuwéi | surrounding

家乡 jiāxiāng | hometown

破坏 pòhuài | to destroy

不得不 bùdébù | to have to

采取 cǎiqǔ | to adopt

保证 bǎozhèng | to guarantee

跑步 pǎobù | to run

至少 zhìshǎo | at least

事实上 shìshíshàng | in fact

香蕉 xiāngjiāo | banana

苹果 píngguǒ | apple

争 zhēng | to fight for

玩具 wánjù | toy

沙子 shāzi | sand

吵架 chǎojià | to quarrel

收费 shōufèi | to charge (a fee)

订 dìng | to book (a ticket)

咖啡 kāfēi | coffee

奶茶 nǎichá | milk tea

加强 jiāqiáng | to reinforce

管理 guǎnlǐ | management

建立 jiànlì | to establish

联合 liánhé | to unite

相关 xiāngguān | relevant

各地 gèdì | various regions

并且 bìngqiě | and, also

开展 kāizhǎn | to carry out

合作 hézuò | cooperation

目前 mùqián | at present

预计 yùjì | to predict

上升 shàngshēng | to rise

超纲词

大熊猫 dàxióngmāo | (giant) panda

基地 jīdì | base

竹子 zhúzi | bamboo

粉红 fěnhóng | pink

饲养 sìyǎng | to feed, to raise

研究 yánjiū | research

野生 yěshēng | wild

练 习

一、根据文章判断正误。

Tell right or wrong according to the article.

（　　）1. 在中国，哪儿都能看到大熊猫。

（　　）2. 大熊猫喜欢吃竹子，不喜欢吃水果。

（　　）3. 刚出生的大熊猫看上去一点儿也不像大熊猫。

（　　）4. 大熊猫基地的门票很贵。

（　　）5. 中国野生大熊猫的数量一直在增长。

二、选词填空。

Fill in the blanks with the words given below.

A. 目前　　　B. 采取　　　C. 预计　　　D. 联合　　　E. 加强　　　F. 玩具

1. 人们不得不＿＿＿＿＿＿人工的方法，来保证大熊猫的生存。

2. 为了＿＿＿＿＿＿对大熊猫的管理，成都市建立了大熊猫基地。

3. 大熊猫基地＿＿＿＿＿＿世界上很多国家的大学、动物园进行大熊猫的相关研究。

4. ＿＿＿＿＿＿中国野生大熊猫已经达到1 800多只。

5. ＿＿＿＿＿＿中国的大熊猫会越来越多。

6. 大熊猫基地为大熊猫准备了各种＿＿＿＿＿＿。

三、根据文章回答问题。

Answer the questions below according to the article.

1. 你在动物园见过大熊猫吗？你知道大熊猫的家乡在哪儿吗？

_____

2. 中国为什么建立了一个大熊猫基地？

_____

3. 大熊猫基地的大熊猫每天吃什么？做什么？

_____

4. 大熊猫小时候和长大以后有什么不同？

_____

5. 大熊猫基地的国际合作研究取得了哪些成就？

_____

12 乔家大院

Shānxī　Qíxiàn
山西省祁县有一个院子，叫乔家大院。院子很大，有8 724平方米。里边一共有6个大院，20个小院，313个房间。院子外边是10米多的高墙，跟周围的环境很不一样，非常特别。乔家大院的房子造得很漂亮，是一座具有中国北方传统特色的建筑。

为什么叫"乔家大院"？因为老主人姓乔。18世纪初，乔家的第一代创业者
Qiáo Guìfā
乔贵发带领乔家人从经营小生意开始，慢慢富了起来。家里有钱以后，乔贵发的
Qiáo Quánměi
儿子乔 全美买了十字路口的一块地，开始建房子，这就是最早的乔家大院。开

始的时候，乔家大院只有十字路口4个院子。院子一天天变大，后来，乔贵发的孙子乔 致庸（Qiáo Zhìyōng）买下了整条街，而且在每个院子的上面建了可以走路的通道，把所有院子连起来，就成了现在的乔家大院。

乔家人做生意讲职业道德，至今仍然值得人们尊敬。乔贵发年轻的时候就离开了家乡，一个人到包头做生意。创业的时候，他对待任何人都像亲人一样，那么亲切，那么热情。他跟农民做交易，把钱借给他们，让他们先种地，提前买下他们秋天的收成。他从来不会因为市场的变化，随便调高价格或者降低价格。这样做有很大的风险，但是让农民的命运得到了转变。乔贵发的儿子乔 全义（Qiáo Quányì）也经历了一件事。那时，乔家由于包头负责人的错误决定，亏光了经营资金。包头负责人本来可以逃走，但是他没有。他从包头回到了祁县，一走进乔家大院，就大声哭了起来。乔全义没有生气，每天好吃好喝地对待他，最后集中了乔家所有的钱，交给他，让他回到包头重新开始。努力六年以后，乔家的命运终于又转变了。我们可以发现，乔家成功靠的不是运气，而是人与人之间的信任，是他们对善良力量的坚持。

但是个人的命运总是会受到社会发展的影响。进入20世纪以后，乔家的生意慢慢地没有办法再继续下去了，乔家大院看起来那么孤独。20世纪30年代，乔家大院永远关上了大门。时间带走了乔家的人，留下了这个院子，院子里的每个房间、每棵大树、每块石头，都记录了乔家的故事。

本级词

特色 tèsè | feature

代 dài | generation

创业 chuàngyè | to start up

带领 dàilǐng | to lead

经营 jīngyíng | to manage

生意 shēngyi | business

富 fù | rich

整 zhěng | whole

至今 zhìjīn | so far

亲人 qīnrén | family member

亲切 qīnqiè | kind, cordial

交易 jiāoyì | transaction

提前 tíqián | ahead of time

市场 shìchǎng | market

变化 biànhuà | change

调 tiáo | to adjust

风险 fēngxiǎn | risk

命运 mìngyùn | fate

转变 zhuǎnbiàn | to transform

经历 jīnglì | to experience

负责 fùzé | to be in charge of

错误 cuòwù | wrong

决定 juédìng | decision

资金 zījīn | fund

成功 chénggōng | to succeed

信任 xìnrèn | trust

力量 lìliàng | power

社会 shèhuì | society

石头 shítou | stone

超纲词

孙子 sūnzi | grandson

通道 tōngdào | passage

道德 dàodé | morality

尊敬 zūnjìng | to respect

收成 shōucheng | harvest

降低 jiàngdī | to reduce

亏 kuī | to lose

运气 yùnqi | luck

善良 shànliáng | kind-hearted

孤独 gūdú | lonely

练 习

一、根据文章判断正误。

Tell right or wrong according to the article.

（   ）1. 乔家大院是具有中国南方特色的建筑。

（   ）2. 乔家大院最初的主人是商人。

（   ）3. 乔家成功靠的不是运气，而是人与人之间的信任。

（   ）4. 今天乔家大院的生意还在继续。

（   ）5. 最早的乔家大院有313个房间。

二、选词填空。

Fill in the blanks with the words given below.

A. 决定　　B. 社会　　C. 至今　　D. 生意　　E. 变化　　F. 提前

1. 乔贵发带领乔家人从经营小＿＿＿＿＿＿开始，慢慢富了起来。

2. 他把钱借给农民，让他们先种地，＿＿＿＿＿＿买下他们秋天的收成。

3. 乔家由于包头负责人的错误＿＿＿＿＿＿，亏光了经营资金。

4. 个人的命运总是会受到＿＿＿＿＿＿发展的影响。

5. 乔家人做生意讲职业道德，＿＿＿＿＿＿仍然值得人们尊敬。

6. 他从来不会因为市场的＿＿＿＿＿＿，随便调高价格或者降低价格。

三、根据文章回答问题。

Answer the questions below according to the article.

1. 为什么叫"乔家大院"？

_____

2. 请你说一说乔家大院的变化。

_____

3. 为什么乔家人能取得成功？

_____

4. 你的国家有成功的生意人吗？他们和乔家人有什么不同？

_____

5. "个人的命运总是会受到社会发展的影响。"你同意吗？说说你的看法。

_____

13 大象去哪儿了？

2021年6月最红的是什么？大概是<u>云南</u>的一群野生<u>亚洲</u>象。它们离开自己的家，从<u>西双版纳</u>一直向北前进，游山玩水，走了500多公里，快要到达<u>昆明</u>。

<u>亚洲</u>象属于国家一级保护动物，主要生活在云南省南部。这里气候温暖，食物丰富，比较适合<u>亚洲</u>象生活。<u>亚洲</u>象跟非洲象的区别是：<u>亚洲</u>象身体较小，耳朵较小，但是鼻子比非洲象长。<u>亚洲</u>象的鼻子是所有动物中最长的，不仅可以帮助大象取食、喝水，还是保护自己的强大武器。<u>亚洲</u>象的两只耳朵也很大，将近1米，听力比人类强多了。

北上的这群大象有15头，它们从<u>西双版纳</u>出发，一直向北，玩得可高兴了。它们在高速公路上散步，在大街上东看西看，在小河里洗澡。它们进了村子，偷吃了农民种的香蕉，还弄坏了人家的大门，进家里来偷米吃、偷酒喝。为了防止象群造成更大的破坏，确保公共安全，<u>云南</u>省派了工作小组到当地开展安全宣传，加强现场管理。

大象经过的地方，<u>云南</u>人民又高兴又害怕，有的人还得搬家，把地方让出来，就怕影响到了大象。人们每天关心这群大象的活动。有的网友说："大象太聪明了，它们知道只要走在路上，食物就会自动出现。"有的网友说："我们也去<u>云南</u>吧，跟着大象一起在<u>云南</u>旅游。"

这群<u>亚洲</u>象还成了2021年的国际新闻。《<u>华盛顿邮报</u>》认为，这是<u>中国</u>环保取得的成就："经过20年的保护，<u>西双版纳</u>周围的野生<u>亚洲</u>象数量增加了一倍，达到了300头左右。"英国广播公司发了标题为《中国大象：走了500公里，快要到达昆明》的新闻报道，还用了中国网友的玩笑话："它们大概要去昆明参加联合国《生物多样性公约》第十五次会议。"美国全国广播公司节目讨论了应该如何带领大象离开城市，进入人口较少的地区。

日本媒体派出了一支由360个人、76辆汽车、9架无人机组成的报道团体，到云南进行专题报道。节目中出现了保护人群离开危险区的警察、友好的志愿者等形象，让大家了解了一个真实的云南，一个真实的中国。

这群大象到底要去哪儿呢？它们为什么离开？专家说有两种可能。

第一是象群迷路了。它们出来太远了，到了它们从没到过的、完全陌生的地方。它们找不到回去的路，只能越走越远。

第二是找新的家。象群走了这么远，很可能是原来的地方食物不够了，它们要找新家，可是一直没有找到合适的，所以走个不停。

不过，大象怕冷，到了秋天，天气变凉，它们可能就会往南，回到西双版纳的家。

注释

联合国 Liánhéguó

The United Nations, an international organization founded in 1945 to promote peace, security and economic development.

《生物多样性公约》 Shēngwù duōyàngxìng gōngyuē

The Convention on Biological Diversity (CBD) is a multilateral treaty. The Convention has three main goals: the conservation of biological diversity (or biodiversity), the sustainable use of its components, and the fair and equitable sharing of benefits arising from genetic resources. The Convention was opened for signature at the Earth Summit in Rio de Janeiro on June 5, 1992 and entered into force on December 29, 1993.

本级词

前进 qiánjìn | to advance

属于 shǔyú | to belong to

气候 qìhòu | climate

温暖 wēnnuǎn | warm

区别 qūbié | difference

较 jiào | relatively

强大 qiángdà | powerful

武器 wǔqì | weapon

将近 jiāngjìn | almost

米 mǐ | meter (a unit of length)

听力 tīnglì | hearing

人类 rénlèi | human

强 qiáng | strong

高速公路 gāosù gōnglù | expressway

散步 sànbù | to take a walk

米 mǐ | rice

防止 fángzhǐ | to prevent

造成 zàochéng | to cause

确保 quèbǎo | to guarantee

公共 gōnggòng | public

派 pài | to dispatch

当地 dāngdì | local

宣传 xuānchuán | publicity

现场 xiànchǎng | scene, site

搬家 bānjiā | to relocate

自动 zìdòng | automatically

环保 huánbǎo | environmental protection

标题 biāotí | title

会议 huìyì | conference

如何 rúhé | how

人口 rénkǒu | population

媒体 méitǐ | media

支 zhī | a measure word (for teams)

由 yóu | by

架 jià | a measure word (for planes)

团体 tuántǐ | group

专题 zhuāntí | special

警察 jǐngchá | police

志愿者 zhìyuànzhě | volunteer

真实 zhēnshí | real

专家 zhuānjiā | expert

超纲词

游山玩水 yóushān-wánshuǐ | to go sightseeing among hills and rivers

耳朵 ěrduo | ear

鼻子 bízi | nose

偷 tōu | to steal

聪明 cōngmíng | smart

无人机 wúrénjī | unmanned aerial vehicle (UAV)

了解 liǎojiě | to understand, to get to know

迷路 mílù | to lose one's way

陌生 mòshēng | strange, unfamiliar

练 习

一、根据文章判断正误。

Tell right or wrong according to the article.

（　　　）1. 非洲象的鼻子比亚洲象长。

（　　　）2. 云南的野生亚洲象数量越来越少。

（　　　）3. 这群野生亚洲象搬家，有可能是因为迷路了。

（　　　）4. 这群野生亚洲象已经找到了新家。

（　　　）5. 亚洲象的听力比人类强。

二、选词填空。

Fill in the blanks with the words given below.

A. 真实　　B. 武器　　C. 气候　　D. 专家　　E. 自动　　F. 散步

1. 云南省南部_____温暖，食物丰富，比较适合亚洲象生活。

2. 鼻子是亚洲象保护自己的强大_____。

3. 它们在高速公路上_____，在大街上东看西看，在小河里洗澡。

4. 节目让大家了解了一个_____的云南。

5. ＿＿＿＿＿＿＿＿说大象搬家的原因可能有两种。

6. 它们知道只要走在路上，食物就会＿＿＿＿＿＿＿出现。

三、根据文章回答问题。

Answer the questions below according to the article.

1. 亚洲象和非洲象的区别是什么？

＿＿＿＿＿＿＿＿＿＿＿＿＿＿＿＿＿＿＿＿＿＿＿＿＿＿＿＿＿

2. 对搬家的大象，云南人民是怎样的态度？

＿＿＿＿＿＿＿＿＿＿＿＿＿＿＿＿＿＿＿＿＿＿＿＿＿＿＿＿＿

3. 专家认为大象搬家的原因有哪些？

＿＿＿＿＿＿＿＿＿＿＿＿＿＿＿＿＿＿＿＿＿＿＿＿＿＿＿＿＿

4. 对搬家的大象，外国媒体做了怎样的报道？请你举一个例子说说看。

＿＿＿＿＿＿＿＿＿＿＿＿＿＿＿＿＿＿＿＿＿＿＿＿＿＿＿＿＿

5. 在你的国家，有什么和野生动物有关的故事？

＿＿＿＿＿＿＿＿＿＿＿＿＿＿＿＿＿＿＿＿＿＿＿＿＿＿＿＿＿

14 良渚古国的传说

　　在浙江 杭州（Hángzhōu）的北边，有一个美丽的村子，叫"良渚（Liángzhǔ）"。"良"是"美好"的意思，"渚"是"水中小块的陆地"。走进良渚，你会发现这里水系发达，环境美丽。

　　大约在一万多年前，良渚人在这里建立了一座古城。这里三面环山，北边连着绿色的苕溪（Tiáoxī），东、西、南三面都建了城墙。古城面积有290万平方米左右，差不多有400个足球场那么大，被称为"中国第一古城"。良渚古城的发现，让杭州的建城历史向前推进了3 000年。

　　古城的中部是莫角山（Mòjiǎo Shān），美丽的王宫就建在莫角山上，普通老百姓住在莫角山下面。在这里，每个人都能分配到合适的工作，有的种地，有的去河边抓鱼，有的在家里照顾孩子。古城里发生好事的时候，大家一起唱歌跳舞，互相庆祝。如果有不好的事情发生，人们也会互相帮助，共同克服。

　　良渚人认为人生的每个时刻都很重要，不论是孩子出生、结婚，还是生病、去世，对家人来说，都是特别的日子。在这样的场合，家人们会穿上正式的服装，一起庆祝孩子的成长、新家庭的建立，也一起告别那些离开的生命。良渚人已经有了简单的文字，将这些重要的活动记录下来，只是专家还不知道这些文字分别表示什么意思，我们也还不能了解他们的庆祝活动是怎么样的。

　　良渚古国农业发展成熟，社会分工比较明显，已经形成了一个完整的体系，初步具有了"国家"的特点。但是让人们感到奇怪的是，这个已经进入文明时代的良渚古国在4 000多年前突然消失了。至今人们还没有发现直接的证据可以说明消失的原因。也有专家认为，良渚文化并没有消失，只是在历史发展过程中，由后来的文明形式继承了。

　　1936年，西湖博物馆的工作人员意外发现了良渚文化遗址。2019年，良渚文化遗址被列入联合国世界文化遗产。2021年，良渚文化遗址公园正式对外开放，受到国内外的普遍关注，很多国外代表团前往参观。遗址公园对良渚古国全面真实的展示给国外游客留下了深刻的印象。

本级词

传说 chuánshuō | legend	文字 wénzì | (written) language
村 cūn | village	分别 fēnbié | respectively
发达 fādá | developed	农业 nóngyè | agriculture
环 huán | to surround	成熟 chéngshú | mature
足球 zúqiú | football, soccer	完整 wánzhěng | complete
推进 tuījìn | to advance	初步 chūbù | preliminary, tentative
中部 zhōngbù | central part	文明 wénmíng | civilization
种 zhòng | to plant, to sow	证据 zhèngjù | evidence
抓 zhuā | to grab, to catch	意外 yìwài | accidentally
发生 fāshēng | to happen	开放 kāifàng | to open
互相 hùxiāng | each other	关注 guānzhù | attention
人生 rénshēng | life	代表团 dàibiǎotuán | delegation
场合 chǎnghé | occasion	深刻 shēnkè | profound
告别 gàobié | to bid farewell to	印象 yìnxiàng | impression

超纲词

陆地 lùdì | dry land	继承 jìchéng | to inherit
水系 shuǐxì | network of waterways	博物馆 bówùguǎn | museum
城墙 chéngqiáng | city wall	遗址 yízhǐ | ruins, relics
王宫 wánggōng | palace	列入 lièrù | to be listed/included in
分工 fēngōng | division of labor	遗产 yíchǎn | heritage
体系 tǐxì | system	展示 zhǎnshì | exhibition

练 习

一、根据文章判断正误。

Tell right or wrong according to the article.

（　　）1. 良渚老百姓都住在莫角山上。

（　　）2. 良渚人很喜欢踢足球。

（　　）3. 良渚古国的社会分工比较明显。

（　　）4. 专家已经知道良渚古国消失的原因。

（　　）5. 良渚文化遗址已被列入联合国世界文化遗产。

二、选词填空。

Fill in the blanks with the words given below.

A. 初步　　　B. 发生　　　C. 互相　　　D. 证据　　　E. 推进　　　F. 场合

1. 古城里_____好事的时候，大家一起唱歌跳舞，_____庆祝。

2. 至今人们还没有发现直接的_____可以说明消失的原因。

3. 良渚古国_____具有了"国家"的特点。

4. <u>良渚</u>古城的发现，让<u>杭州</u>的建城历史向前_____了3 000年。

5. 在这样的_____，家人们会穿上正式的服装，一起庆祝孩子的成长、新家庭的建立。

三、根据文章回答问题。

Answer the questions below according to the article.

1. "<u>良渚</u>"在汉语中是什么意思？

_____

2. 说说<u>良渚</u>人的生活和现代人有什么不同。

_____

3. 为什么说<u>良渚</u>古国初步具有了"国家"的特点？

_____

4. 你认为<u>良渚</u>古国突然消失可能是什么原因？

_____

5. <u>良渚</u>文化遗址是怎么发现的？

_____

15 "追星" 故事

千百年来，中国人对宇宙一直有很强的好奇心。古时候，中国人想在天上飞行，发明了风筝。今天，中国人想在宇宙散步，开发了"探月工程"。中国人的现代"追星"故事，要从紫金山天文台说起。
Zǐjīn Shān

紫金山天文台在中国东部的城市南京，是中国第一座天文台。从天文台建成到现在将近百年时间里，它对中国天文研究具有重要的意义。

虽然中国是世界上天文学发展最早的国家之一，但是从现代天文学角度来看，中国天文学研究基础不深，比西方国家落后。1928年，国立中央研究院天文研究所在南京成立，天文学家高鲁先生任所长。天文所在南京鼓楼设立了办公室，当时设备比较旧，也比较少，工作人员只能利用这些设备开展观测工作。天文所另外一个重要的工作是设计、建设紫金山天文台。

1928年底，高鲁先生带领天文台工作人员刚完成设计工作，就被调到外交部门工作。高鲁先生离开以后，厦门大学天文系主任余青松先生开始了天文台的建设工作。受战争的影响，紫金山天文台的建设进展很慢，修修停停，前后持续了差不多6年时间。1934年8月25日，紫金山天文台终于建成。从此，南京紫金山上有了几座银色的中国式建筑。建筑群整体设计很合理，也很漂亮。天文台共有四间观测室，放了望远镜等观测设备。还有一间展览室，保存了中国明代、清代制造的天文观测仪器。这些仪器不仅代表了中国古代天文学的发展水平，艺术价值也很高。

　　中华人民共和国成立以后，紫金山天文台得到了保护，并且受到了很多中国领导人的关注。目前，天文台的设备很齐，很先进。

　　因为有紫金山天文台，南京这座城市和中国现代天文学联系在了一起。中国人的"追星"故事会在这里继续下去。

注释

探月工程 Tànyuè Gōngchéng

China Lunar Exploration Program, also known as the Chang'e Project. A successful lunar mission brought back the first samples of the moon to China on December 17, 2020.

本级词

追 zhuī	to chase	调 diào	to transfer
好奇 hàoqí	curious	外交 wàijiāo	diplomacy
飞行 fēixíng	to fly	部门 bùmén	department
发明 fāmíng	to invent	主任 zhǔrèn	director, dean
东部 dōngbù	eastern part	进展 jìnzhǎn	progress
深 shēn	deep	银 yín	silver
落后 luòhòu	to fall behind	整体 zhěngtǐ	overall
任 rèn	to hold (a post)	合理 hélǐ	reasonable
所长 suǒzhǎng	director	室 shì	room
设立 shèlì	to set up	保存 bǎocún	to preserve
设备 shèbèi	equipment	齐 qí	complete
利用 lìyòng	to utilize	先进 xiānjìn	advanced
设计 shèjì	(to) design	

超纲词

宇宙 yǔzhòu	universe	观测 guāncè	to observe
风筝 fēngzheng	kite	战争 zhànzhēng	war
工程 gōngchéng	project	望远镜 wàngyuǎnjìng	telescope
天文台 tiānwéntái	observatory	展览 zhǎnlǎn	exhibition
天文学 tiānwénxué	astronomy	仪器 yíqì	instrument, apparatus

练 习

一、根据文章判断正误。

Tell right or wrong according to the article.

（　　　）1. 紫金山天文台是中国第一座天文台。

（　　　）2. 中国的天文学发展比较晚。

（　　　）3. 紫金山天文台的建设进展很快。

（　　　）4. 中国古代也有天文观测仪器。

（　　　）5. 目前，紫金山天文台设备很齐，很先进。

二、选词填空。

Fill in the blanks with the words given below.

A. 东部　　　B. 好奇　　　C. 进展　　　D. 观测　　　E. 保存　　　F. 先进

1. 中国人对宇宙一直有很强的＿＿＿＿＿＿心。

2. 紫金山天文台在中国＿＿＿＿＿＿的城市南京。

3. 还有一座展览室，＿＿＿＿＿＿了中国明代、清代制造的天文＿＿＿＿＿＿
仪器。

4. 天文台的设备很齐，也很＿＿＿＿＿＿。

5. 紫金山天文台的建设＿＿＿＿＿＿很慢。

三、根据文章回答问题。

Answer the questions below according to the article.

1. 为什么说中国人对宇宙一直有很强的好奇心？

_____

2. 紫金山天文台是在什么样的情况下建成的？

_____

3. 紫金山天文台的观测室和展览室分别有什么功能？

_____

4. 在你的国家，人们是怎么观测宇宙的？请简单介绍一下。

_____

练习参考答案

1 高铁还是绿皮车

一、1. ×　　2. ×　　3. √　　4. √　　5. √

二、1. B　　2. E　　3. F　　4. C　　5. D　　6. A

2 冰雪哈尔滨　越冷越开心

一、1. √　　2. ×　　3. ×　　4. √　　5. √

二、1. B F　　2. D　　3. C　　4. E　　5. A

3 我在故宫修钟表

一、1. ×　　2. ×　　3. √　　4. √　　5. ×

二、1. D　　2. A　　3. E　　4. B　　5. F　　6. C

4 兵马俑的个性

一、1. ×　　2. √　　3. ×　　4. ×　　5. ×

二、1. E C　　2. B　　3. D　　4. F　　5. A

5 把家安在园林里

一、1. √　　2. √　　3. ×　　4. ×　　5. ×

二、1. D　　2. A　　3. E　　4. F　　5. C　　6. B

6 愚园路上桃花源

一、1. ×　　2. √　　3. √　　4. ×　　5. √

二、1. D　　2. C　　3. B　　4. A　　5. F　　6. E

7 广东早茶是茶吗?

一、1. ×　　2. √　　3. √　　4. ×　　5. ×

二、1. C　　2. D　　3. E B　　4. F　　5. A

8 新疆的馕

一、1. √　　2. ×　　3. √　　4. √　　5. √

二、1. B　　2. C　　3. E　　4. F　　5. D　　6. A

9 内蒙古的那达慕大会

一、1. ×　　2. √　　3. ×　　4. ×　　5. √

二、1. D　　2. F　　3. E C　　4. A　　5. B

10 鸟的天堂

一、1. √　　　　2. √　　　　3. ×　　　　4. ×　　　　5. √

二、1. C　　　　2. F　　　　3. A　　　　4. B　　　　5. E　　　　6. D

11 到成都看大熊猫

一、1. ×　　　　2. ×　　　　3. √　　　　4. ×　　　　5. √

二、1. B　　　　2. E　　　　3. D　　　　4. A　　　　5. C　　　　6. F

12 乔家大院

一、1. ×　　　　2. √　　　　3. √　　　　4. ×　　　　5. ×

二、1. D　　　　2. F　　　　3. A　　　　4. B　　　　5. C　　　　6. E

13 大象去哪儿了？

一、1. ×　　　　2. ×　　　　3. √　　　　4. ×　　　　5. √

二、1. C　　　　2. B　　　　3. F　　　　4. A　　　　5. D　　　　6. E

14 良渚古国的传说

一、1. ×　　　　2. ×　　　　3. √　　　　4. ×　　　　5. √

二、1. B　C　　　2. D　　　　3. A　　　　4. E　　　　5. F

15 "追星"故事

一、1. √　　　　2. ×　　　　3. ×　　　　4. √　　　　5. √

二、1. B　　　　2. A　　　　3. E　D　　　4. F　　　　5. C

词汇表

版权声明

为了满足全球中文学习者的需求，我们在编写本套丛书时，对标《国际中文教育中文水平等级标准》，部分课文在已有文本的基础上稍作改动，以适应中文学习者的不同水平和阅读习惯。由于诸多客观原因，虽然我们做了多方面的努力，但仍无法与部分原作者取得联系。部分作品无法确认作者信息，故未署上作者的名字，敬请谅解。

国际中文的推广任重而道远，我们希望能得到相关著作权人的理解和支持。若有版权相关问题，您可与我们联系，我们将妥善处理。

编者

2023 年 10 月

图书在版编目（CIP）数据

大象去哪儿了？ / 刘颖编. -- 上海：上海外语教
育出版社，2024
　（阅读中国·外教社中文分级系列读物 / 程爱民总
主编. 三级）
　ISBN 978-7-5446-6875-0

　Ⅰ.①大… Ⅱ.①刘… Ⅲ.①汉语—对外汉语教学—
语言读物 Ⅳ.①H195.5

　中国国家版本馆CIP数据核字（2023）第122386号

出版发行：**上海外语教育出版社**
　　　　　（上海外国语大学内）邮编：200083
电　　话：021–65425300（总机）
电子邮箱：bookinfo@sflep.com.cn
网　　址：http://www.sflep.com
责任编辑：梁瀚杰

印　　刷：常熟市华顺印刷有限公司
开　　本：787×1092　1/16　印张 6　字数 90 千字
版　　次：2024年7月第1版　2024年7月第1次印刷

书　　号：ISBN 978-7-5446-6875-0
定　　价：36.00 元

本版图书如有印装质量问题，可向本社调换
质量服务热线：4008-213-263